Sandra Barros Mendieta

Una mente en Transición

Sandra Barros Mendieta

Una mente en Transición

En pos de mi reinvención

JustFiction Edition

Cover image: www.ingimage.com

Publisher:
JustFiction! Edition
is a trademark of
Dodo Books Indian Ocean Ltd., member of the OmniScriptum S.R.L Publishing group
str. A.Russo 15, of. 61, Chisinau-2068, Republic of Moldova Europe
Printed at: see last page
ISBN: 978-620-3-57565-1

ÍNDICE

Este es un libro escrito como segunda parte de una serie a todas las personas, con el propósito de identificarnos en una transición, dados los tiempos de particulares cambios que ha traido este comienzo de la década del 2020 en la que no se puede desconocer que las experiencias propias de la nueva realidad, que a muchos nos obligó a ir en pos de una reinvención, que no estaba contemplada en ninguna manera y que aún, en muchos casos-, por supuesto me incluyo, no termina.

I. EL NUEVO COMIENZO

El once de Marzo del 2020, el mundo sin saberlo, se dirigía a una nueva era, si se me permite llamarla así-, a raíz de la declaratoria de estado de pandemia, decretada por la Organización Mundial de Salud; entonces, millones de personas en todo el planeta, si bien recibimos con cierta expectativa dicha noticia, nadie podía tan siquiera imaginar que otros tantos tendrían que cambiar los rumbos de sus vidas, de manera irreversible.

Debido a dicha situación de sobra por todos conocida, un buen número de personas con sus familias completas, nos vimos obligados a períodos de confinamiento, y en medio de éstos, muchos talentos dormidos, dejados de lado y aún quizá, hasta ignorados que resurgieron o aparecieron por primera vez. No es un secreto que en muchos países, especialmente aquellos llamados del" Tercer Mundo" , quienes pertenecemos al género femenino, -sin ánimo de discriminar nadie-, fuimos seriamente afectadas a consecuencia del desempleo.

Las mujeres no nos hemos llevado la mejor parte en todo ésto, como ya se ha reseñado, millares de personas tenían trabajos presenciales de tiempo completo; otros-, y me darán la razón-, fueron despedidos por llevar muy poco tiempo; otros tantos, por llevar bastante; y otros,- que quizá fueron los más afortunados-, estaban muy cerca de pensionarse, y pudieron mantenerse en sus puestos de trabajo.

En la medida en que se fueron extendiendo las restricciones en el tiempo, la costumbre de incluir en nuestro vestuario el tapabocas, como se le llama en mi país, Colombia, así como incorporar en el bolso el gel antibacterial y el alcohol, fue posible darnos cuenta que ya no había manera de volver atrás, ni retomar nuestras actividades, tal y como las conocíamos hasta ahora, ya se marcaba aquí otro hito de éste comienzo.

Debo admitir, que a mí, particularmente, me tomó un tiempo considerable asimilar todas éstas nuevas costumbres, sobre todo, en lo tocante a intentar socializar con las personas, en circunstancias tan restringidas, observar los cuidados en los buses de transporte público que en la mayoría de casos es casi imposible, dada la congestión normal en ellos; entonces empezó a ser regla, que cada que tenía que por fuerza mayor, hacer uso de un bus de aquellos, tenía que echar a lavar mi ropa y bañarme otra vez.

Dentro de esas nuevas costumbres, comencé tambien a ejercitarme al aire libre, sin bajarme tan siquiera un mínimo, el tapabocas. No es nada fácil, trotar, por ejemplo con un accesorio como éste sin dar un respiro a la nariz, pero tenía qué someterme, sino quería exponerme al tan letal coronavirus, y peor aún, exponer a mi madre quien es hipertensa, con alto riesgo cardiovascular a una muerte casi segura. Recién comenzó todo, criticaba el hecho de salir en esas condiciones, pero pasado mas de un año, era cuestión de cordura o locura.

II. HÁBITOS CORRECTOS.

No mencionaré los numerosos hábitos que pueden adoptarse en un período atípico, como el que estamos viviendo, sino que resaltaré las ventajas que vienen con la implementación de esos hábitos saludables para nuestro modo de vivir y es mi deseo expresar en éstas líneas las ventajas que trae desarrollar esos hábitos,- aclaro aquí, que se van perfeccionando en el tiempo, me limitaré a mencionar tan sólo unas pocas y las explicaré en modo breve y con una vivencia personal entre cada uno.

1. El dormir y descansar lo suficiente.

Debo reconocer que no es fácil para la gran mayoría de individuos, - me incluyo en éste grupo-, adoptar ésta disciplina, que es practicarla de manera continua, pero es esencial cultivar éste hábito, con el fin de dormir como mínimo siete horas. Hay que irse a la cama a la misma hora para poder levantarse a dar el rendimiento que se requiere es clave no distraerse con ciertos programas; para ello hay un día en la semana en que puede uno permitirse esa pequeña libertad. De no perseverar en éste hábito, no será posible lograr las metas y objetivos propuestos.

Debo decir, que el quedar sin empleo, en una profesión que es noventa y nueve por ciento presencial, como lo es la Odontología, 'me dió por la cabeza', no por el efecto inmediato, porque la verdad, ya estaba con fatiga, y debo añadir, desencanto laboral, pero pasados más de seis meses, comencé a dormirme muy tarde, casi de madrugada, a desvelarme y oraba en mi cama para volver a conciliar de nuevo el sueño. Por supuesto, nunca será igual el sueño continuo, al sueño intermitente.

Empecé a tornarme irascible, a actuar de manera volcánica e impulsiva, y en todo ésto empezó se originaron diversos temores, desconfianza, lo que fácilmente puede crear un estado paranoide que no es nada sano, y debo reconocer, que ese círculo vicioso se repetía por varias semanas en éste período tan singular y dificilmente repetible en intervalos largos de tiempo.

Cuando el ambiente se torna tenso, y he sido yo quien ha fallado, debo hacer lo que esté a mi alcance y también comencé a retomar la oración, las buenas lecturas, la escucha de mensajes edificantes y tambien confrontantes, sin sentirme como una 'lacra social', ni nada que se le parezca; con el transcurso de muchos días y meses, aprendí a serenarme, a tolerar, así, lentamente ha empezado a morir en mí ese rasgo de propio de mi temperamento, pero la verdad, sería deshonesta, si no digo que todavía falta mucho.

En realidad, no soy persona de tomar un cuadernito ni escribir apuntes sobre los avances y retrocesos, Dios los sabe mejor que yo, Él me conoce más que nadie, por eso, cada que puedo y en cualquier momento del día, activa o en reposo, le abro un espacio en mi corazón a hablar con Él. Cito éstos versículos bíblicos, no por llenar un espacio, sino porque así fue en verdad; " Gracias por hacerme tan maravillosamente complejo! Tu fino trabajo es maravilloso, lo sé muy bien.

" Tu me observabas mientras iba cobrando forma en secreto, mientras se entretejían mis partes en la oscuridad de la matriz", éste texto se encuentra en el Salmo 139: 14-15. Somos inmensa y maravillosamente complejos, de manera que ésto puede ser un gran punto de partida para amarse uno a sí mismo y poder así comprender y amar a los demás, sin caer en el narcisismo. Es clave asimilar que los cambios en cada persona llevan un ritmo diferente unos más lento, otros , más rápidos, pero son inexorables con el paso de los años.

2. La priorización de nuestras tareas.

Cuando se duerme, se descansa lo suficiente, como para que la mente permanezca lúcida y renovada y encaminarla a establecer prioridades en tareas y ocupaciones, empezando a implementar a partir de ahí, un plan de trabajo organizado, uno puede tenerlo tan claro que lo almacena en la mente, pero es apenas lógico que para tener un cierto orden, es mejor escribirlo. El no priorizar nuestras actividades lleva a procrastrinar y resta a nuestra productividad.

Al no fijar prioridades en mis actividades, ya fuera, porque las consideraba tan sencillas y repetitivas, o porque consideraba que ésto me ' enredaba la cabeza', empecé a querer a hacer dos, tres y más cosas a la vez sin ningún enfoque, era un pésimo hábito adquirido en uno de mis últimos empleos y que me estaba originando serios problemas de ansiedad, adicional a un estrés mental innecesario. Es imprescindible aprender a bajar así sea poco a poco, a las revoluciones.

3. El ejercicio físico

Desde antes del actual estado de pandemia, le he dado al ejercicio fisico la debida importancia y cabida en mi vida, aunque confieso que en mi niñez y adolescencia no fue así, y era un suplicio la clase de educación física. Al salir del colegio, comencé a darle el espacio que la actividad física merece, primero por autoestima y la vanidad propia de una joven de diecinueve años, -que tenía cuando comencé a ejercitarme-, y con el paso del tiempo, por salud. Al principio de ésta emergencia, realizaba entre cuatro y cinco veces a la semana, ejercicios de baile en casa. Luego me dí cuenta que con tres veces por semana, para mí, era suficiente.

Comencé con un cardio de sencillos pasos de baile, con mis ritmos y melodías favoritos: pop anglo, salsa, algunas canciones de rock, de veinte a treinta minutos y seguía con mancuernas para las zonas superior e inferior del cuerpo luego ya empecé a incorporarle ejercicios con un sencillo palo de escoba para la zona abdominal, y hasta me imaginaba enseñando éstas coreografías, - debo reconocer, que mi pánico escénico, es tan grande, que por supuesto, nunca lo haría en la vida real. Luego añadí trote en el parque cuando me fue posible salir, por supuesto, ni en mis más grandes sudores me bajaba el tapabocas para respirar.

Como ya lo había mencionado, -y ahora reitero,-al comienzo el trote con tapabocas me parecía contra producente: el tratar de respirar al máximo con nariz y boca tapadas, no me cabía en la mente, pero, obviamente, se llega a un momento en que necesité salir, sudar, que mi corazón físico se fortaleciera con el cardio, y honestamente, los ejercicios de baile dentro de la casa ya me parecían monótonos en demasía, cuando uno no es coreógrafo ni bailarín profesional, pues se agotan todos los recursos, y eso fue lo que me ocurrió.

III. INCERTIDUMBRE CON CABEZA FRÍA

Los seres humanos, en especial las mujeres, dado el auge de empoderamiento que nos caracteriza, debemos aprender que no podremos nunca controlarlo todo, por más que creamos estar seguras de manejar todos nuestros asuntos; por más organizadas que pretendamos ser, hay situaciones repentinas, en donde es necesario; primero reconocer esos imprevistos; segundo resolverlos sobre la marcha con la cabeza bien fría.

Aún los temperamentos más coléricos e impacientes, como el mío-, no sólo se pueden sino que deben moldearse porque hay que aprender a manejar, a las buenas o a las malas, la incertidumbre y ahí ya empieza a dejar de ser tal, comienza a ser algo un poco más conocido y se encuentra la mejor alternativa de solución con tranquilidad, o me hacía más fuerte, o perdía en el intento; en ambos casos queda una lección valiosa, así que no podía permitirme quedarme en el suelo, la vida es de caidas estruendosas con la oportunidad de levantarme cuantas veces sea necesario.

En lo que a mí respecta, refiriéndome a éste punto, personalmente me gusta sentirme empoderada y tener todo bajo control, ésto no siempre me pasa, no puedo negar que al ver la situación un poco adversa, mi temperamento volcánico aflora y es normal para mí durar una y hasta dos noches sin dormir, pero reitero, la oración es un arma poderosa; el problema es que a menudo o se olvida usarla, o no se hace de ella un uso eficaz. No es un antídoto, sino que desde hace un tiempo, orar es tan esencial como dormir.

IV. CUANDO LA INCERTIDUMBRE SE PROLONGA EN EL TIEMPO

No son pocos los momentos en los que he experimentado un estado en el que no hay una salida, en el que todos mis errores y omisiones del pasado, me atropellan peor que la más potente locomotora; ¡ es inevitable llorar!. Con frecuencia me he preguntado ¿ Para qué estoy aquí? ¿ si hay un propósito para mí? Y si es así, ¿ Cuál es ese propósito?. Tampoco me ha sido posible evitar las comparaciones con mis familiares ya sea por el lado paterno o materno.

Ahí he visto lo inoficioso y hasta peligroso que es caer en autoacusación, y no hay nada más paralizante que eso. Veo que nada hay más desgastante que navegar en contra de la corriente; he experimentado en no pocas oportunidades el agotamiento, como cuando se intenta nadar a través de un caudaloso río en sentido contrario, porque esa pasmosa incertidumbre parece prolongarse y he creído que no habrá fin para tan larga espera...puedo decir que en mí se está probando una cualidad tan relegada y menospreciada no pocas veces en éstos tiempos, la paciencia.

V. LA PACIENCIA LLEGA A SER CARGA

Son inevitables los días en que una persona se autocuestiona; en lo que respecta a mí, es imposible no pensar que equivoqué mi rumbo, y éste tiempo particular sacó a flote lo que quizá, me negué por mucho tiempo. En mi casi es normal buscar personas que hayan vivido un poco más para desahogarme. Cierto día, hablaba con una familiar cercana y yo le dije: " no me siento apreciada"...

"Uno como que no vale nada, ni es nadie cuando no trae dinero a la casa, o no genera algún ingreso" y sentí como un puñal sus palabras:" y añadió: "Entienda que en su momento, también su mamá hizo tambien un esfuerzo para ayudarla a salir adelante en su carrera, y para ella es frustrante que usted ande 'volteando' por ahí, y no haya podido mantener un ' trabajo estable", a lo que yo no pude responder con un - " Sí, es verdad"-, pero no dije más nada, porque ya no me es posible mirar atrás y menos, retroceder.

Mi lugar favorito para conversar por ratos y expresar mis pensamientos es en el parqueadero del conjunto en donde resido, es allí en donde improvisé, digamos que, una sala de chat, en donde puedo hablar libremente y sin tapujos. Muchos se preguntarán " ¿y por qué no te fuiste e hiciste tu vida?". Pues sucede que no es tan fácil cuando se es única hija de una madre que necesita- aunque ella se niegue a admitirlo-, quién le hable y quién la escuche, pero tristemente, aunque ya un poco tarde, he llegado a la conclusión que fue un tremendo error el no haber volado en la primera oportunidad, pero entiendo que nada puedo obtener con seguir pensando en lo que no fue.

En éste retador comienzo de década, en donde ninguna oferta laboral se ve prometedora, en medio de paros generales, más frecuentes ahora que nunca en los doscientos once años de independencia de mi país , debido al descontento social a todo nivel, en donde he comenzado a ver los estantes y anaqueles de los distintos negocios desocupados, locales con letreros de " SE VENDE" o " SE ARRIENDA" y en donde cada día al tomar cualquier transporte se ha tornado en una actividad llena de zozobra, la tensión mental se va haciendo parte del diario vivir...

...pues hasta llevar a mamá a la vacunación, que debía ser una salida sin mayor inconveniente, ese día en que le aplicaron su segunda dosis fue toda una proeza aquella diligencia, en la que, tanto la ida como el regreso, fue cuestión de echar mano del conocimiento de mi ciudad para no quedar represados entre marchas, bloqueos, pedreas y otros hechos tan comunes dentro del marco de la protesta social descontrolada. No fue raro en ese entonces, llegar con migraña a la casa.

V.CADA DÍA TRAE SU AFÁN.

El mundo que hasta ahora habíamos llamado moderno, - al que personalmente, ahora prefiero llamarlo " mundo pre-pandemia" , me había enseñado a mí, particularmente, a hacer varias cosas a la vez, como por ejemplo, tender mi cama mientras preparo el desayuno; vivía muy afanada, -ahora lo soy menos, por supuesto-, por desempeñar con lujo de detalles los roles que corresponden a una mujer que, como yo, que decidí ser cabeza de hogar, como trabajadora y ahora, emprendedora.

A raiz de esta circunstancia única, tuve que bajarle a mis propias revoluciones, y que, como lo dije, aún sigo en ello, poco a poco y a hacer bien una sola cosa a la vez ¡ me ha costado mucho!, aunque no debiera ser así y fui realmente entendiendo lo que no por capricho, se escribió hace miles de años " Así que no os afanéis por el día de mañana; porque el día de mañana traerá su afán. Basta a cada día su propio mal", son Palabras del Señor Jesús en Mateo 6.34 . Cada día trae su propio reto, su propia prueba y no hay palabras más sabias ¿ por qué añadir otro afán, u otra prueba?. Ésto está de más.

Comencé a entender y a asimilar, para poner en práctica, que sin dejar de hacer lo primordial, había otras cosas que, simplemente, podían dar espera, porque tambien tuve el mal hábito de levantarme, afanosa, creyendo que haciendo las cosas con actitud enérgica y acelerada, había mayor eficiencia en mí. ¡ Qué gran error!. Ahora tomo para mi vida, que no hay arma más eficiente que la calma y la serenidad. Pienso que cada uno de nosotros trae mecanismos diversos de aceleración ante muchos sucesos que se activan cuando sólo es estrictamente necesario. Cada vez se pone de manifiesto la capacidad de adaptación a las circunsatancias.

VI. PENSAMIENTOS

Quiero compartir algunos de los pensamientos que han pasado por mi mente, y aún lo hacen, desde que inició este período único en nuestra historia, y muy peculiar; confieso que no rondaban tan siquiera por mi cabeza, cuando trabajaba presencialmente a tiempo completo; debo aclarar que son de diversa índole y no trato de emitir juicios de valor acerca de ellos, quizá muchos pensaron lo mismo con otras palabras:

Adicionalmente, expondré cada uno de éstos pensamientos con uno o dos ejemplos, a fin de ilustrar un poco lo que he querido plasmar y que éstos pensamientos no sean tan sólo proverbios que suenen bonito, sino que tengan siempre una aplicación práctica en la vida; aclaro, no son inventados, sino que son frases que surgieron desde un punto de vista personal, que por lo tanto añadí mis propias reflexiones. El lector podrá sentirse identificado con ellos o no.

1." No hay nada que suceda por azar o por casualidad, todo tiene siempre una causa y un propósito". Hace veinticinco años sufrí un accidente de tránsito, bien pude haber muerto allí, pero ni siquiera perdí la conciencia; siempre mantuve la lucidez. Murió allí un niño de siete años. Una clara primera enseñanza: No quejarme tanto.

2." A pesar que pude haber realizado cosas mucho mejores, no tiene ningún sentido seguirme lamentando por lo que nunca fué". Pude haber manejado mejor las relaciones sociales para conservar el trabajo con cierta entidad del Estado y especializarme, pero ya no hay marcha atrás y JAMÁS uno o varios títulos definen a una persona.

3. " Del pasado, deberé conservar las mejores lecciones y enseñanzas, recordándolas siempre con gratitud". Con frecuencia me cuesta mucho hacer un inventario de ellas. Un nítido ejemplo fue no haberme ido a vivir a cierto lugar, pero quizá habría retornado años después, ' con el rabo entre las piernas', y con la frustración de un divorcio. ¡ No gracias!. O no haber estudiado otra carrera por cuestión monetaria, hay que aceptar las cosas como están.

4. Nadie dijo que el estado civil, influye en el estado emocional, para que nos dejemos de sentir bonitas y productivas. Todo está en la mente y en el corazón". Sin ánimo de hablar de amigos, ni conocidos, ¿ por qué quejarme, si puedo manejar mi tiempo y finanzas con libertad

Desde que tuve uso de razón fui autónoma, en el sentido que ni siquiera, en mi niñez, ni pubertad, consentí andar en grupo; me integraba a los juegos de colegio o el recreo, sí, pero, terminados éstos, prefería andar en lo mío, cumplir lo que me tocaba y dentro de la obediencia a mis padres, en ese entonces.

5." Es preciso aprender a hacer que los días dificiles lo sean en la menor medida de lo posible, y a los todos ellos, sacarles el mejor partido".
Para nadie es un secreto que ésta pandemia ha traído a nuestros países, no sólo desempleo, sino crisis sociales y hasta humanitarias y en honor a mi propia verdad y sintiéndome un poco violentada

En mi amor propio, recibo ayuda familiar; sería muy falso sentirme del todo satisfecha cuando he estado acostumbrada a solucionar mis propios problemas.
6. "Las personas solteras por elección, debemos alegrarnos al haber tomado la decisión, sabiendo que sólo Nuestro Creador es quien tiene la última palabra, además, quien no puede vivir contento consigo mismo, menos lo puede hacer en compañía". Hace ya bastantes años atrás, me era terriblemente patético ver que los contemporáneos míos se casaban y formaban, como es apenas natural, sus familias y en menos de nada ¡crisis!. De un tiempo hacia acá, al observar la crisis de la sociedad y de las familias y del maltrato entre las parejas, que va en aumento cada día.

Y con toda sinceridad, también a raíz de experiencias sentimentales poco o nada gratas que me enseñaron un sinnúmero de cosas, corroboré, que si bien es muy cierto que me gusta el género opuesto -¡ y mucho!-, de lo contrario estaría ciega, también lo es que no tengo por qué aceptar o tolerar como 'normal' para mí ningún maltrato físico ni psicológico, tan sólo porque en la sociedad se vea como 'normal, ' sufrir en un matrimonio' o 'pasar por un divorcio'. Debo hacer precisión que es un total absurdo poner fecha de caducidad para la vida en pareja, si uno es la persona correcta, para otra persona que debe ser la indicada.

7. " Los temores ante la incertidumbre son apenas naturales, lo que debo hacer es reconocer sin tapujos, que los tengo y enfrentarlos con la fe, que Dios nunca me desampara".
Mentiría a mi propia persona y al lector, si dijera que no tengo miedo alguno a nada. Le temo a un terremoto de gran magnitud, a un fracaso estruendoso en un emprendimiento, y a verme encerrada en medio de una caótica protesta que no se sabe cómo terminará, tengo miedo repulsivo a las ratas, a las serpientes y a las arañas en medio de una oscura noche selvática.

Aquellos son mis miedos a grandes rasgos, y ahora, entre finales del mes de Abril y comienzos de Mayo de éste convulsionado 2021, con la presente situación de anarquía y caos debido al comprensible descontento social, en donde no se sabe si mañana encontraré alimentos y en la que sólo Dios sabe por cuánto tiempo tendremos que salir con los máximos cuidados, casi rayando en la paranoia, pues, o aprendo tener calma o me vuelvo loca en medio de todas esas contingencias.

8." Los tiempos duros son como crisoles que refinan el caracter, que suelen ser termómetros de las más recónditas emociones, en los que sale lo mejor y lo peor de uno mismo". Aquí vale la pena dar dos ejemplos por separado. El primero, con éste asunto que abarca casi un año y medio de la década del veinte, antes, a duras penas no sabía escoger los artículos perecederos, ni tampoco miraba precios en los artículos de abarrotes, agarraba lo más llamativo y al carrito; ahora, he aprendido a optimizar tanto los recursos, los ingresos aún me rinden, a pesar de la carestía y aún puedo cubrir ciertas deudas pendientes.

La otra cara de la moneda que es el segundo ejemplo, es que experimento ciertos episodios de ansiedad y me acelero cuando llegan los servicios públicos quiero pagarlos tan pronto me llegan los recibos en físico o digitales. No me gusta esperar la fecha de pago oportuno, porque implica hacer filas largas-, ya que hasta el presente, no pago por medios digitales, ya sea por desconfianza o porque no me he acostumbrado aún a ellos, entonces, cuando por fuerza mayor, no puedo cancelar pronto, me torno ansiosa y aflora mi mal genio, que con humildad, admito, no debería darme.

9." No hay lugar para sentirme perennemente avergonzada, por haber pensado de determinado modo o por haber dicho ciertas palabras, quizá no adecuadas para el momento, ¡ése es mi sello!, desde que no hayamos transgredido normas ni agredido a nadie. ¿ Por qué sentir vergüenza?.
Con toda franqueza debo exponer, que ante ciertas situaciones que me desagradan sobremanera, mi tendencia es a ser un poco pesimista y frecuentemente se me salen unas "palabritas castizas", conocidas como groserías. Se me hace ver, que eso es vulgar e 'impropio de una dama', pero me es menos nocivo ser así, que medir hipócritamente mis palabras.

10."Reconozco con entereza de caracter que un prolongado período de aislamiento, por ley natural, altera a cualquier persona en el modo de comportarme". Pasado un año y dos meses de cambios radicales a nivel global, sé que no soy la misma, me he vuelto mucho más prevenida de lo que era antes, ahora salgo lo más sencilla que puedo y no consiento que nadie se me acerque ni a un metro de distancia, mi trato se ha vuelto físicamente más frío, pero mis sentimientos de aprecio y consideración a mis conocidos es más auténtico.

11."Una mente abierta y creativa que va aprendiendo a ser paciente con las pruebas, no es una opción, es una obligación en éstos tiempos inciertos". Hace unos tres años atrás, yo no imaginaba ni siquiera remotamente, pensar-, en realizar libros digitales, la idea fue surgiendo poco a poco, porque como escribí en mi primer libro " Pandemia, Mi antes, mi ahora", me gustaba expresar mis ideas, pero no tenía tiempo para ello ni lo veía como una posibilidad de ingreso. Sé que no es fácil, como nada en nuestras vidas, lo es; y ahora es una actividad muy importante a la que espero seguirle dedicando el tiempo que merece.

EPÍLOGO

Durante el tiempo que escribí éste mini- libro me centré en poder lograr identificarme con el lector(a), en todo o en parte con diversos aspectos mentales y emocionales expresados de modo explícito a traves de éste período singular e irrepetible dentro de la larga y sinuosa historia de la humanidad en éste segundo año de su transcurso. Por supuesto, cada persona en particular muestra diversas formas de reacción ante las innumerables circunstancias imprevistas y la creatividad sale a relucir en tenores altos o bajos, con expresiones variadas.

Todo el enfoque de éste libro trata de llevar a cada lector a comprender desde su perspectiva, que estamos viviendo un proceso, y en lo que a mí concierne, voy entendiendo cada vez más que la implicación de vivir en el mundo "post- pandemia" consiste en dar un paso a la vez que implica ser " Una Mujer en Transición".

Printed by Books on Demand GmbH, Norderstedt / Germany